GUERRA, GANADO Y VAQUEROS

Texas como un estado joven

T0136581

Heather E. Schwartz

Consultora

Devia Cearlock
Especialista en estudios sociales de jardín de niños a 12.° grado
Amarillo Independent School District

Créditos de publicación

Dona Herweck Rice, *Jefa de redacción*
Conni Medina, *Directora editorial*
Lee Aucoin, *Directora creativa*
Marcus McArthur, PhD., *Editor educativo asociado*
Neri García, *Diseñador principal*
Stephanie Reid, *Editora de fotografía*
Rachelle Cracchiolo, M.S.Ed., *Editora comercial*

Créditos de imágenes:

Tapa, pág. 1, págs. 2–3: Bridgeman Art Library; págs. 4, 5, 6: North Wind Picture Archives; pág. 7: LOC [LC-USF33–003139]; pág. 7 (lateral) Corbis; pág. 8: Alamy; pág. 9 (arriba): North Wind Picture Archives; pág. 9: (arriba): Getty Images; pág. 10: The Granger Collection; pág. 11 (izquierda): LOC [LC-DIG-pga–0347]; pág. 11 (medio): Archive.org; pág. 11 (lateral): Corbis; pág. 12: LOC [LC-DIG-ppmsca–19520]; pág. 13: National Archives; pág. 14: North Wind Picture Archives; pág. 15: National Archives; pág. 16: The Granger Collection; pág. 17: Library of Congress; pág. 17 (lateral): LOC [LC-DIG-ppmsca–20280]; pág. 18: Minnesota Historical Society; pág. 19 (arriba): LOC [LC-DIG-stereo-1s02762], pág. 19 (abajo): LOC [LC–USZC4–1155]; pág. 20: North Wind Picture Archives; pág. 21: Bridgeman Art Library; pág. 21 (lateral): Bridgeman Art Library; págs. 22, 23: Bridgeman Art Library; pág. 24: North Wind Picture Archives; pág. 25 (arriba): Bridgeman Art Library; pág. 25 (abajo): DeGolyer Library ; pág. 26 (arriba): Bridgeman Art Library; pág. 27: Bridgeman Art Library; pág. 27 (lateral): Speeches and State Papers of James Stephen Hogg (dominio público); pág. 28: North Wind Picture Archives; pág. 29 (arriba): LOC [LC–DIG–ppmsca–13514]; pág. 29 (lateral): iStockphoto; todas las demás imágenes de Shutterstock.

Teacher Created Materials

5301 Oceanus Drive
Huntington Beach, CA 92649-1030
http://www.tcmpub.com

ISBN 978-1-4333-7217-9

© 2013 Teacher Created Materials, Inc.
Printed in Malaysia
THU001.48806

Tabla de contenido

Un nuevo estado 4–5

Primeros ranchos ganaderos 6–7

La guerra de Secesión 8–19

Reconstrucción de Texas..20–21

Ganado y vaqueros..22–27

El fin de una era...28–29

Glosario 30

Índice... 31

¡Es tu turno!.. 32

Un nuevo estado

Antes de 1845 Texas era una **república** libre. Había ganado su independencia, o libertad de México, nueve años atrás. Pero en 1845 Texas se **anexó**, o se agregó, a Estados Unidos. Se convirtió en el estado número 28 de la Unión.

Los 15 años siguientes se conocen como el período **prebélico**. Eso fue antes de la guerra de Secesión. Durante esta época Texas se fue pareciendo más a los otros estados que lo rodeaban. Muchos pobladores llegaron al nuevo estado desde el Sur. Estos pobladores trajeron consigo sus convicciones sureñas. Al igual que otros estados del Sur, Texas comenzó a depender del algodón.

Texas era un estado esclavista. El trabajo esclavo hacía posible la producción de algodón a cambio de **ganancias**. La **Constitución** de Texas de 1845 protegía la esclavitud.

esclavos recogen algodón

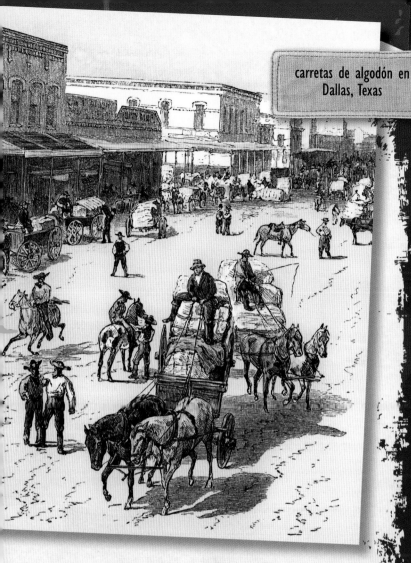

carretas de algodón en Dallas, Texas

Nuevos colonos

Aunque los sureños constituían la mayor parte de la población de Texas, también vivían allí algunos grupos **étnicos**. El territorio siempre tuvo una gran cantidad de mexicanos debido a su historia y ubicación. En la década de 1850 también llegaron colonos provenientes de Alemania, Suecia, Checoslovaquia y Polonia.

Guerra con México

En 1846 comenzó la guerra entre México y Estados Unidos. El conflicto entre México y Estados Unidos se debió a la frontera entre Texas y México. Texas afirmaba que la frontera sur con México se extendía hasta el río Grande. México aseguraba que esta frontera se situaba más lejos, al norte del río Nueces.

Con el crecimiento de la industria ganadera de Texas, el estado se hizo conocido por el ganado y los vaqueros. Sin embargo, las características que Texas compartía con el Sur eran importantes. A medida que el nuevo estado formaba su propia identidad, estas características sureñas tendrían un impacto importante sobre el futuro de Estados Unidos.

Vaqueros marcan ganado de cuernos largos.

Primeros ranchos ganaderos

Hacia 1845 los ranchos ganaderos ya tenían una larga historia en Texas. Todo comenzó a principios del siglo XVIII. Los españoles trajeron ganado de cuernos largos a Texas para alimentar a los soldados y **misioneros** españoles. El ganado de cuernos largos era grande y fuerte. A menudo pesaban 1,800 libras (816 kg). Los cuernos de sus cabezas podían alcanzar los cuatro pies (1.2 m).

Los mexicanos que vivían en el territorio de Texas tenían maneras especiales de manejar el ganado. Estos rancheros mexicanos, llamados *vaqueros*, usaban herramientas especiales para atrapar al ganado. Una de las herramientas se llamaba **lazo** o lazada. Era una soga larga con un nudo corredizo. Los vaqueros llevaban el lazo cerca de los **cuernos de la montura**. Los vaqueros eran valientes y fuertes, y tenían mucha **resistencia**.

Los primeros vaqueros estadounidenses actuaban como los vaqueros mexicanos y se parecían a ellos. Cuando otras personas provenientes de otras partes de Estados Unidos se mudaron a Texas, los mexicanos les enseñaron a manejar el ganado. Los vaqueros también les transmitieron sus valores. Los rancheros texanos de las décadas de 1840 y 1850 principalmente dirigían pequeños negocios que suministraban carne de vaca a los compradores locales. El rancho fue una pequeña parte de la economía de Texas durante muchos años. Sin embargo, pronto la industria ganadera había de experimentar un *boom*.

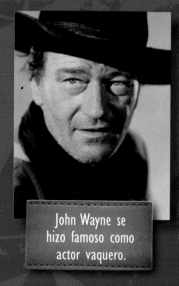

John Wayne se hizo famoso como actor vaquero.

Mitos de vaqueros

En los libros y las películas, a los vaqueros a menudo se les muestra viviendo una vida emocionante, cabalgando su caballo favorito y peleando todos los días contra los indígenas americanos. Pero en realidad, la vida del vaquero era muy diferente. Cabalgaban varios caballos diferentes y rara vez peleaban contra los indígenas americanos.

Arreos de ganado

Algunos de los primeros rancheros de Texas contrataban vaqueros para arrear su ganado hacia otros estados. Allí los animales se vendían por más dinero. Estos arreos de ganado eran difíciles y peligrosos.

cuerno de montura y lazo

La guerra de Secesión
Un breve período de paz

Estados Unidos estaba en guerra con México desde 1846. Pero en 1848 Estados Unidos y México firmaron el **tratado** de Guadalupe Hidalgo. Este tratado dio por terminada la guerra entre México y Estados Unidos. El tratado cedió algunas partes de México a Estados Unidos.

Después de la firma del tratado comenzaron nuevos debates sobre las fronteras. Pero esta vez los conflictos fueron dentro de Estados Unidos. El Sur quería extender la esclavitud al nuevo territorio del oeste, pero el Norte no apoyaba la esclavitud. Texas quería expandir su frontera más hacia el oeste. A los estados sureños les gustaba esta idea, porque Texas era un estado esclavista. Si extendían la frontera de Texas, también se extendía la esclavitud.

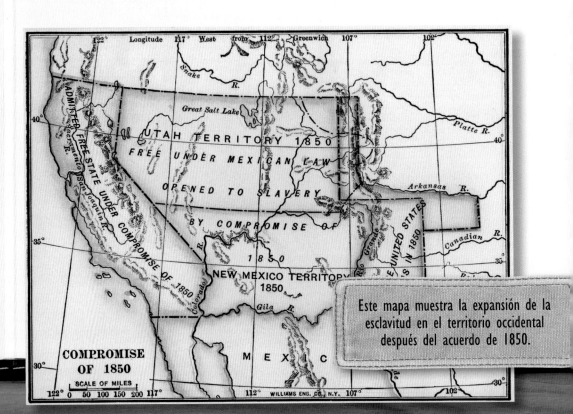

Este mapa muestra la expansión de la esclavitud en el territorio occidental después del acuerdo de 1850.

Un esclavo fugitivo es capturado bajo el Acta de esclavos fugitivos.

Acuerdo de 1850

El acuerdo de 1850 resolvió por poco tiempo el conflicto entre el Norte y el Sur. Texas cedió ante algunos reclamos de tierras en el oeste a cambio de 10 millones de dólares. Para mantener el equilibrio entre estados esclavistas y libres, California ingresó a la Unión como estado libre. A fin de satisfacer al Sur, el congreso aprobó el Acta de esclavos **fugitivos**.

Ambas partes se preocupaban de que en Estados Unidos no hubiera un equilibrio entre estados libres y esclavistas. El conflicto demostró que la cuestión de la esclavitud podía separar a la nación.

Acta de esclavos fugitivos

El Acta de esclavos fugitivos exigía que los fugitivos y los esclavos liberados que vivían en los estados del Norte fueran devueltos a sus dueños en el Sur. Los antiesclavistas del Norte odiaban esta ley. Sentían que los obligaba a cumplir una función en el sistema esclavista.

cartel de recompensa por un esclavo fugitivo

$500, REWARD.

Ran away from the undersigned, on Sunday the 9th inst., a negro boy named

AARON OR APE.

He is about 20 years old, six feet high, with rather unusually large legs and arms; walks bent forward with one foot turned out more than the other. I will give $150,00 reward for him if taken in the county; $100,00 reward if taken in the counties south of this and $200,00 if taken in any of the Mississippi counties or $500 if taken out of the State.

O. M. HARRIS,
Three miles south of Midddle Grove
Monroe Coounty, Missouri.

REGISTER PRINT—MACON CITY, MO.

Aumenta la tensión

Hacia 1860 la esclavitud seguía siendo el problema principal que dividía al país. Muchos estados sureños querían hacer un intento de **secesión**, o separarse, de la Unión.

En noviembre Abraham Lincoln fue elegido presidente de Estados Unidos. Él estaba en contra de que la esclavitud se expandiera hacia el oeste. Esta situación hizo que los sureños quisieran separarse aún más. Ellos consideraban que los esclavos eran de su propiedad. Y creían que tenían derecho a llevar su propiedad a cualquier territorio de Estados Unidos. En diciembre de 1860 Carolina del Sur se separó de la Unión. En enero de 1861 siguieron su ejemplo Misisipi, Florida, Alabama, Georgia y Luisiana. Para ese verano el resto de los estados del Sur también habían realizado su secesión.

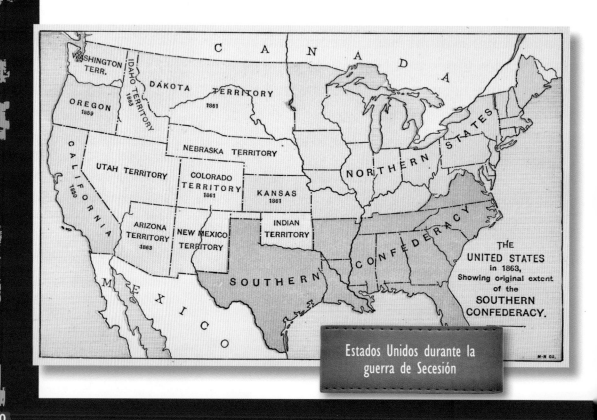

Estados Unidos durante la guerra de Secesión

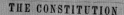

la constitución del estado de Texas enmendada

Abraham Lincoln

Sam Houston

Advertencia de Houston

No todo el mundo en Texas apoyaba la secesión. Sam Houston, gobernador de Texas desde 1859 hasta 1861, se oponía. Houston advirtió a Texas que el Norte iba a ganar la guerra de Secesión. Cuando Texas produjo su secesión, Houston se negó a prometer lealtad a la Confederación. Así que la Convención de Texas obligó a Houston a dimitir como gobernador.

Texas libre

La totalidad de Texas no dependía del trabajo de los esclavos. Grandes sectores de Texas no tenían esclavos en 1860. En estas áreas, la economía dependía del maíz, el trigo y el ganado. Recoger estas cosechas no era una labor tan ardua como la cosecha del algodón.

Texas se separó de la Unión en febrero de 1861. La mayoría de los texanos para esta época ya no tenían esclavos. Sin embargo, muchos texanos apoyaban la esclavitud. Creían que era fundamental para la economía del estado.

Texas pronto se sumó a los Estados Confederados de América. La Constitución de Texas de 1845 fue enmendada, o cambiada, para crear la Constitución de 1861. Esta nueva constitución defendía la esclavitud y los derechos de los estados con más fuerza. Por ejemplo, la nueva constitución prohibía la liberación de los esclavos en Texas.

Comienza la guerra de Secesión

A principios de 1861 las tropas de la Unión se apostaron en el fuerte Sumter, en el puerto de Charleston, Carolina del Sur. Cuando Carolina del Sur efectuó su secesión, las tropas restantes de la Unión quedaron **vulnerables**, o expuestas al peligro. El presidente Lincoln quiso enviar suministros a las tropas. Él informó a Carolina del Sur sobre sus planes, pero el estado confederado no confiaba en Lincoln. Temía que tuviera planes para atacar al Sur.

El 11 de abril las fuerzas confederadas exigieron la **rendición** del fuerte Sumter. El líder del fuerte, el mayor Robert Anderson, se negó a rendirse. Quiso resistir hasta quedarse sin suministros. El 12 de abril los confederados abrieron fuego. Después de menos de dos días de lucha, las fuerzas de la Unión entregaron el fuerte.

el ataque a el fuerte Sumter, 1861

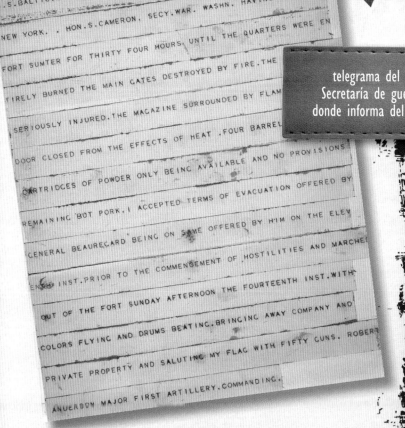

s.s.BALTIC...
NEW YORK. . HON.S.CAMERON. SECY.WAR. WASHN. HAVING
FORT SUMTER FOR THIRTY FOUR HOURS UNTIL THE QUARTERS WERE EN
TIRELY BURNED THE MAIN GATES DESTROYED BY FIRE.THE
SERIOUSLY INJURED.THE MAGAZINE SURROUNDED BY FLAM
DOOR CLOSED FROM THE EFFECTS OF HEAT .FOUR BARREL
CARTRIDGES OF POWDER ONLY BEING AVAILABLE AND NO PROVISIONS
REMAINING BUT PORK.I ACCEPTED TERMS OF EVACUATION OFFERED BY
GENERAL BEAUREGARD BEING ON SAME OFFERED BY HIM ON THE ELEV
ENTH INST.PRIOR TO THE COMMENCEMENT OF HOSTILITIES AND MARCHED
OUT OF THE FORT SUNDAY AFTERNOON THE FOURTEENTH INST.WITH
COLORS FLYING AND DRUMS BEATING.BRINGING AWAY COMPANY AND
PRIVATE PROPERTY AND SALUTING MY FLAG WITH FIFTY GUNS. ROBERT
ANDERSON MAJOR FIRST ARTILLERY.COMMANDING.

telegrama del mayor Anderson a la Secretaría de guerra de Estados Unidos, donde informa del ataque al fuerte Sumter

Los texanos se suman a la lucha

Alrededor de 25,000 texanos se unieron al ejército confederado en 1861. Muchos rancheros texanos se sumaron a la lucha. Dejaron su ganado suelto en las llanuras para poder ir a luchar por la causa confederada.

Defensa del suroeste

Alrededor de 90,000 texanos lucharon por la Confederación durante la guerra de Secesión. La mayoría de los soldados de Texas se quedaron en el suroeste. Los texanos ayudaron al ejército confederado a defenderse de los ataques de los indígenas americanos y mantuvieron al ejército de la Unión fuera de la región.

La batalla del fuerte Sumter terminó rápidamente y no hubo **bajas**. Sin embargo, fue una batalla importante. Ambos lados creyeron que habían sido empujados a la guerra por el otro lado. El Sur creyó que Lincoln los había obligado a atacar al haber enviado suministros al fuerte Sumter. Carolina del Sur creyó que debía controlar el fuerte, dado que el estado había abandonado la Unión. El Norte pensó que los confederados habían iniciado la guerra al haber atacado un fuerte **federal**. Pero ambos lados coincidieron en que el fuerte Sumter marcó el comienzo de la guerra.

La guerra llega a Texas

Texas no se salvó de pelear durante la guerra de Secesión. Galveston era el puerto marítimo más grande de Texas. Los líderes de la Unión sabían que era un **puerto** importante que debían controlar. El 4 de octubre de 1862 las tropas de la Unión ingresaron en Galveston. Los confederados de Texas intentaron defender el puerto, pero las fuerzas de la Unión fueron demasiado fuertes. El comandante de la Unión W. B. Renshaw exigió que los confederados entregaran el puerto. Su exigencia formaba parte de un plan mayor. La Unión quería impedir la entrada y salida de mercancías en Texas.

Durante un tiempo breve la Unión tuvo el control de Galveston, pero en noviembre el mayor general John Bankhead Magruder asumió el mando de las tropas confederadas. Quería devolver el puerto a la Confederación.

cañoneros luchan durante la batalla de Galveston

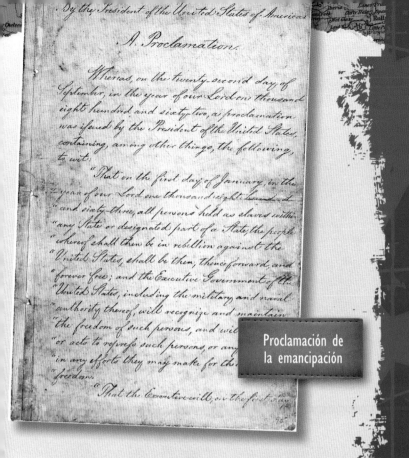

Proclamación de la emancipación

Proclamación de la emancipación

El 1.° de enero de 1863 el presidente Lincoln emitió la proclamación de la emancipación. Fue el mismo día en que los confederados abrieron fuego sobre Galveston. La proclamación establecía que todos los esclavos de los estados confederados eran libres a partir de ese momento. En realidad no se liberó a ningún esclavo, ya que los confederados no cumplieron con la ley. Sin embargo, permitió a los afroamericanos sumarse al ejército de la Unión. Y si un esclavo escapaba al Norte, no podía ser devuelto.

Magruder ordenó un ataque naval a las tropas de la Unión en Galveston. También ordenó un ataque sorpresa a través de un puente. El ex luchador revolucionario de Texas Thomas Green colaboró en el ataque. Los confederados ingresaron al puerto por barco el 1.° de enero de 1863. Abrieron fuego y ganaron el control del puerto de Galveston. A diferencia de la del fuerte Sumter, esta batalla fue mortal. La Confederación perdió 26 hombres, y otros 117 resultaron heridos. La Unión perdió alrededor de 600 hombres.

Ley de conscripción

Hacia abril de 1862 los confederados necesitaban tropas con urgencia. Por eso, la Confederación aprobó una ley de conscripción. Esta ley obligaba a los hombres a unirse al ejército. Muchos texanos no estaban a favor de la ley. Pero el gobernador de Texas, Francis Lubbock, la apoyó.

Éxito para el Sur

cañoneros de la Unión atacan el fuerte Griffin en la batalla del paso Sabine

La primera parte de la guerra de Secesión fue favorable para la Confederación. El Sur ganó batallas importantes durante los primeros años de la guerra. El éxito de los confederados duró aún más en Texas.

Más tarde, en 1863, la Confederación ganó otra victoria en la batalla del paso Sabine. El 8 de septiembre un grupo de tropas de la Unión ingresó a la zona en barco; planeaban navegar el río Sabine. Esperaban bloquear una vía de ferrocarril que salía de Houston. Pero para hacerlo, primero necesitaban tomar el fuerte Griffin. Este era un fuerte confederado adonde se enviaba a los hombres sureños como castigo.

Había solamente 44 hombres en el fuerte Griffin. Se pasaban el tiempo disparando **artillería**, o armas grandes, al río. Cuando se acercaron las tropas de la Unión los confederados estaban preparados. Al mando del teniente Richard W. Dowling, los confederados obligaron a las tropas de la Unión a detenerse. Tomaron prisioneros a unos 200 soldados de la Unión.

John Bell Hood

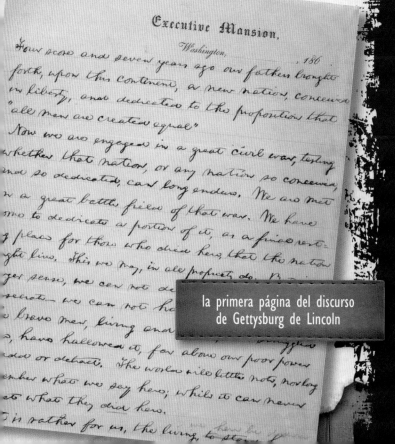

la primera página del discurso de Gettysburg de Lincoln

John Bell Hood

A pesar de haber nacido en Kentucky, John Bell Hood consideraba a Texas como su hogar. Durante la guerra de Secesión Hood se convirtió en líder del ejército confederado. En 1942 el ejército de Estados Unidos abrió un fuerte en Killeen, Texas, y lo bautizó como el fuerte Hood.

El discurso de Gettysburg

El 19 de noviembre de 1863 el presidente Abraham Lincoln pronunció el discurso de Gettysburg. El discurso planteaba si Estados Unidos debía continuar como una nación unida sobre la base de la igualdad. Instó a la nación a vivir de acuerdo con la idea de los Padres Fundadores de una tierra de libertad para todas las personas.

Termina la guerra

Los confederados ganaron muchas batallas al principio de la guerra. Sin embargo, con el tiempo, fue evidente que la Unión era más fuerte. El Norte contaba con demasiados recursos como para que el Sur pudiera ganar. Hacia el verano de 1863 las fuerzas de la Unión comenzaron a controlar la guerra.

La Unión ganaba, pero los confederados continuaron defendiendo a Texas. El 11 de mayo de 1865 el coronel Theodore H. Barrett y el teniente coronel David Branson llevaron a las tropas de la Unión a un ataque contra las tropas confederadas. La batalla tuvo lugar en la isla Brazos, al sur de Texas.

Al día siguiente, las tropas de la Unión rodearon un **puesto de avanzada**. Pero pronto supieron que el puesto estaba vacío. Muy tarde esa noche Branson condujo a las tropas hasta un sitio donde pudieron dormir, a orillas del río Grande. A la mañana siguiente, un grupo de **civiles** advirtió a los confederados que allí había tropas de la Unión. Sin embargo, Branson se enteró y atacó un campo confederado en el rancho Palmito.

Coronel Theodore H. Barrett

La batalla del rancho Palmito fue la última de la guerra de Secesión.

La Confederación ganó esta batalla el 13 de mayo de 1865. Pero fue demasiado tarde. El Sur ya había perdido la guerra de Secesión.

un grupo de soldados afroamericanos de la Unión

Tropas afroamericanas

Más de 180,000 afroamericanos pelearon para la Unión durante la guerra de Secesión. Además de luchar contra los confederados por la libertad, pelearon contra el trato desigual y el pago desigual en el ejército de la Unión.

Muerte de un presidente

El presidente Lincoln fue asesinado el 14 de abril de 1865 mientras veía una obra teatral en el teatro Ford en Washington, DC. Murió al día siguiente. Su asesino fue John Wilkes Booth, un actor famoso y simpatizante de la Confederación. Booth y otros confederados planeaban secretamente asesinar al presidente, al vicepresidente y al secretario de estado. Pero solamente consiguieron matar a Lincoln.

John Wilkes Booth mata al presidente Lincoln.

La reconstrucción de Texas

Después de la guerra de Secesión, Estados Unidos atravesó muchos cambios. Este período de cambio después de la guerra se llamó *Reconstrucción*. Texas también debió atravesar esos cambios.

En junio de 1865 el ejército de Estados Unidos tomó el control de Texas. El objetivo era proteger a los afroamericanos **emancipados** o liberados. La libertad implicó nuevos tipos de relaciones entre los afroamericanos y la gente blanca de Texas. A muchas personas blancas les resultaba muy difícil tratar como iguales a las personas que habían sido esclavas. Estados Unidos quiso asegurarse de que Texas fuera leal a la nación y respetara las nuevas leyes y formas de vida.

soldados búfalo después de la guerra de Secesión

En 1866 se agregaron seis regimientos de tropas afroamericanas al ejército de Estados Unidos. Estos soldados desempeñaron muchas funciones en Texas. Ayudaron a reconstruir el estado y a hacer cumplir las nuevas reglas. Los indígenas americanos llamaron a estas tropas "soldados búfalo". Era un nombre respetuoso, pues los indígenas americanos respetaban al bisonte. Como soldados, los afroamericanos ganaban más dinero del que podían ganar en la mayoría de los otros trabajos. También se ganaron el respeto de los oficiales del ejército que antes habían dudado de ellos.

Henry O. Flipper

Pionero

Henry O. Flipper nació siendo esclavo en Georgia en 1856. En 1877 se convirtió en el primer afroamericano en graduarse de la academia militar de Estados Unidos en West Point. También fue el primer oficial afroamericano en dirigir a soldados búfalo. Estuvo al mando de tropas en Texas durante el resto de su carrera militar.

Cambios económicos

El fin de la esclavitud también afectó la economía de Texas. Los agricultores de algodón ya no tenían mano de obra gratuita. Ya no podían ganar dinero suficiente con el cultivo del algodón. Los texanos intentaron plantar otros cultivos y criar ganado. Cultivaron trigo y maíz y criaron vacas y ovejas.

líder de los soldados búfalo Henry O. Flipper

vaqueros en un arreo de ganado

El ganado y los vaqueros
El surgimiento de la industria ganadera

La industria ganadera de Texas comenzó a crecer después de la guerra de Secesión. Los texanos realizaban arreos de ganado antes de la guerra, pero en 1866 una mayor cantidad de rancheros comenzó a contratar vaqueros para arrear su ganado a otros estados donde los animales podían venderse a precios más altos.

Los rancheros abrieron nuevos senderos para los arreos de ganado. Jesse Chisholm, un comerciante que era parte **cherokee**, **abrió** uno de los primeros senderos. El sendero se amplió para transitar desde el río Grande en Texas hasta Kansas, en el norte. Hacia 1867 ya se conocía el sendero de Chisholm.

En 1866 los rancheros Charles Goodnight y Oliver Loving abrieron otra ruta desde Texas. Atravesaba Nuevo México y Colorado y llegaba a Wyoming. Este sendero se hizo conocido como el sendero Goodnight-Loving. En 1874 el arreador de ganado John T. Lytle abrió un sendero llamado sendero *Western*, que iba desde Texas hasta Nebraska.

En 1866 los vaqueros arrearon cerca de 300,000 cabezas de ganado desde Texas a lo largo de los senderos. Cuando la industria ganadera estaba en su apogeo se realizaban arreos de ganado aún más grandes. El mayor arreo se realizó en 1871, cuando se trasladaron alrededor de 700,000 cabezas de ganado por senderos entre Texas y Kansas.

Jesse Chisholm

Quanah Parker

Quanah Parker fue el hijo de un jefe comanche y Cynthia Ann Parker. Su madre era una mujer blanca que había sido secuestrada por los comanche cuando tenía nueve años de edad. A lo largo de su vida Quanah sirvió de puente entre los comanche y el gobierno y la cultura de Estados Unidos.

Indignación indígena

Quanah Parker fue un líder comanche. En 1867 se negó a firmar el tratado de Medicine Lodge. El tratado decía que los comanche tenían que vivir en una reservación como agricultores. Durante los siete años siguientes Parker condujo ataques contra personas blancas en Texas y México. En 1875 Quanah Parker se rindió. Su gente se trasladó a una reservación.

King Ranch

Richard King era un capitán de embarcaciones fluviales. Llegó a Texas durante la guerra entre México y Estados Unidos. Después de la guerra King dominaba el comercio en el río Grande y comenzó a comprar tierras en Texas. Durante la guerra de Secesión compró un rancho muy grande. Fueron los inicios de King Ranch. King Ranch había de convertirse en el rancho más grande de Texas. ¡En la actualidad, King Ranch es más grande que el estado de Rhode Island!

La carreta de provisiones

Charles Goodnight inventó la carreta Chuck para utilizar en los arreos de ganado. Tenía compartimentos especiales para transportar alimentos y encimeras que podían usarse para prepararlos. También transportaba herramientas, ropa de cama, agua y utensilios.

Vida de vaquero

Los vaqueros de Texas provenían de distintos estilos de vida. Muchos veteranos de la guerra de Secesión se convirtieron en vaqueros. Los esclavos liberados se convirtieron en vaqueros. También los fugitivos y los vagabundos fueron vaqueros. Independientemente del lugar de donde vinieran, los vaqueros debían ser fuertes y resistentes para realizar su trabajo.

un grupo de vaqueros come junto a una carreta de provisiones

No era fácil controlar el ganado durante los arreos. A veces el ganado se dispersaba a lo ancho de dos millas (3 km) de tierra. Cuando esto sucedía, los vaqueros tenían que rodear a los animales en diferentes puntos. Se comunicaban con sus compañeros de trabajo usando señales con las manos, copiadas del lenguaje de señas de los indígenas americanos. También hacían señas con sus sombreros.

un arreo de ganado en la década de 1870

Los vaqueros trabajaban en grupos de alrededor de 12 hombres y controlaban de 2,000 a 3,000 cabezas de ganado. Los arreos a menudo cubrían de 10 a 15 millas (16 a 24 km) por día y tardaban alrededor de 25 hasta 100 días en completarse. Los vaqueros no eran las únicas personas que arreaban ganado. También lo hacían las vaqueras. A veces se vestían como hombres para pasar desapercibidas.

Una de las vaqueras más famosas de Texas entre las décadas de 1870 y 1880 fue Lizzie Johnson. Hizo del ganado su negocio y nunca se disfrazó. Lizzie compró su propia manada y tuvo su propia marca. Se convirtió en una de las primeras mujeres en arrear su manada a lo largo del sendero Chisholm.

la vaquera Lizzie Johnson

Vaqueros tratan de escapar de una estampida de ganado.

Peligros en el sendero

Los vaqueros de Texas enfrentaban condiciones difíciles en los arreos de ganado. Tenían que controlar a sus manadas en cualquier tipo de clima. En las épocas de sequía debían esforzarse por buscar agua para los animales y para sí mismos. Durante los períodos lluviosos tenían problemas para cruzar ríos crecidos. El peligro de ahogarse era real. Los relámpagos y truenos también podían causar problemas, ya que asustaban al ganado. Si el ganado se espantaba a veces se producía una **estampida**. Los animales enloquecían y se dispersaban. Antes de que pudieran volver a reunirlos, los animales podían matar fácilmente a los vaqueros, atropellándolos.

serpiente de cascabel

También había otros peligros en los senderos. En algunas partes de Texas los vaqueros podían enfrentarse a ataques de indígenas americanos. Además, debían prestar atención a las serpientes de cascabel. La mordedura de una serpiente de cascabel podía ser mortal.

Cuando los vaqueros sufrían una herida o se enfermaban en el sendero tenían que confiar en remedios caseros. En el siglo XIX la cura típica para la mordedura de una serpiente de cascabel era cortar la piel alrededor de la mordedura. Luego podía sacarse el veneno apretando o chupando la herida. Cuando los vaqueros sufrían otros tipos de heridas aplicaban una **cataplasma**, o compresa suave, de tuna. Para permanecer sanos mientras viajaban por los senderos, ¡los vaqueros a menudo bebían jugo de carne de bisonte!

James Hogg

Ferrocarril Hogg

En 1891 James Hogg se convirtió en el primer gobernador nativo de Texas, o nacido en Texas. Él ayudó a establecer la Comisión de ferrocarriles de Texas. Dirigida por John H. Reagan, la Comisión de Ferrocarriles impidió la creación de monopolios ferroviarios en Texas. Un **monopolio** es el control total de un mercado por parte de una empresa o persona.

Expansión de los ferrocarriles

La construcción del ferrocarril después de la guerra de Secesión extendió el servicio de trenes en Texas. La expansión de los ferrocarriles tuvo un gran impacto en los territorios del oeste. Nacieron pueblos nuevos y los pueblos viejos desaparecieron cuando los ferrocarriles se extendieron por todo el país. Hacia 1872 el sistema ferroviario de Texas estaba conectado con los ferrocarriles que abastecían al resto de Estados Unidos.

una cuadrilla de construcción del ferrocarril en 1886

El fin de una era

Los arreos de ganado no duraron como parte importante de la economía de Texas. Los problemas con el sistema ya habían comenzado en la década de 1850. Al ganado de Texas no se le permitía ingresar en algunos estados. A veces una manada portaba una enfermedad mortal que podía transmitirse a otras manadas. A fines de la década de 1880 los crudos inviernos hicieron que fuera muy peligroso viajar por los senderos. Hacia fines de la década de 1880, gracias a los nuevos ferrocarriles, ya no era necesario arrear el ganado a mercados distantes. La carne podía enviarse a otros estados en vagones de tren refrigerados.

Cuando el sendero Chisholm se cerró en 1884, lo habían transitado más de cinco millones de cabezas de ganado. Alrededor de dos millones de cabezas de ganado habían pasado por el sendero Western cuando cerró en 1894. A principios de la década de 1880 dejó de usarse el sendero Goodnight-Loving.

arreo de ganado
saliendo de Texas

BUFFALO BILL'S WILD WEST
AND CONGRESS OF ROUGH RIDERS OF THE WORLD.

GRESS OF AMERICAN INDIANS. REPRESENTING VARIOU...

cartel de un espectáculo del
Salvaje Oeste de Buffalo Bill

Espectáculo del Salvaje Oeste de Buffalo Bill

William F. Cody, también conocido como Buffalo Bill, organizó el espectáculo del Salvaje Oeste de Buffalo Bill en 1883. En sus actos presentaba vaqueros y vaqueras famosos e indígenas americanos. Viajaban por todo el territorio de Estados Unidos. El espectáculo recorrió Texas hasta 1915.

Hacia 1900 los vaqueros que andaban por los espacios abiertos ya eran una **reliquia** del pasado. Algunos se sumaron a los espectáculos del Salvaje Oeste. En estos espectáculos podían usar sus habilidades actuando frente al público. Con el tiempo los espectáculos del Salvaje Oeste evolucionaron hasta convertirse en los rodeos. Así, el **legado** de los vaqueros perdura en la Texas moderna.

Alambre de púas

El uso generalizado del alambre de púas en la década de 1880 también ocasionó el fin de los arreos de ganado. El alambre de púas dividía el campo en los espacios abiertos. El alambre de púas también cerró rutas de senderos que los vaqueros utilizaban. Muchos agricultores y rancheros pequeños se mudaron a las ciudades en crecimiento de Texas.

espectáculo de rodeo
en Texas

alambre de púas

Glosario

abrió: creó una ruta

anexó: tomó un territorio y lo hizo parte de un territorio más grande

artillería: armas grandes (como por ejemplo cañones) usadas por el ejército

bajas: miembros del ejército inactivos por muerte, enfermedad o lesión

boom: crecimiento grande en la industria económica en un período corto

cataplasma: una compresa hecha con hierbas, pan, tela u otros materiales que se aplican al cuerpo como medicina

cherokee: una tribu indígena americana

civiles: personas que no forman parte del ejército

conscripción: inscripción obligatoria en el ejército

constitución: una declaración escrita que explica las leyes básicas de un estado o país

cuernos de la montura: agarraderas de cuero que se encuentran cerca del frente de una montura

emancipados: libres de la esclavitud

estampida: un tropel repentino producido por animales

étnicos: tradiciones y valores compartidos de un grupo

federal: referido al gobierno de Estados Unidos

fugitivos: que se escaparon ilegalmente

ganancias: dinero hecho en negocios

lazo: una soga larga con un nudo corredizo

legado: algo recibido del pasado

misioneros: personas que comparten su fe religiosa con otros, generalmente en otros países

monopolio: control total de un mercado por parte de una empresa o persona

prebélico: período anterior a la guerra de Secesión

puerto: pueblo o ciudad portuaria donde los barcos cargan o descargan mercancías

puesto de avanzada: paraje a cierta distancia del campamento principal del ejército

reliquia: parte del pasado

rendición: entrega del poder, control o posesión a otro bando, especialmente por la fuerza

república: un país aparte

resistencia: capacidad de una persona para realizar trabajos físicos durante un espacio de tiempo prolongado

secesión: separación de un país y formación de un nuevo gobierno

tratado: un acuerdo legal entre dos gobiernos

vulnerables: en una posición abierta al peligro

Índice

academia militar de Estados Unidos en West Point, 21

Acta de esclavos fugitivos, 9

acuerdo de 1850, 8–9

alambre de púas, 29

arreos de ganado, 7, 22–29

Barrett, Theodore H., 18

batalla del fuerte Sumter, 12–13, 15

batalla de Galveston, 14–15

batalla del paso Sabine, 16

batalla del rancho Palmito, 18

Booth, John Wilkes, 19

Branson, David, 18

Chisholm, Jesse, 22–23

Cody, William F., 29

Comisión de ferrocarriles de Texas, 27

Confederación, 11, 13–18

Constitución de Texas, 4, 11

discurso de Gettysburg, 17

Dowling, Richard W., 17

esclavitud, 4, 8–11, 15, 20–21, 24

espectáculo del Salvaje Oeste de Buffalo Bill, 29

Estados Confederados de América, 11

ferrocarriles, 27–28

Flipper, Henry O., 21

fuerte Griffin, 16–17

fuerte Hood, 17

fuerte Sumter, 12–13, 15

Galveston, 14–15

Goodnight, Charles, 22, 24

Green, Thomas, 15

guerra de Secesión, 4, 8–20, 22, 27

guerra entre México y Estados Unidos, 5, 8, 24

Hogg, James, 27

Hood, John Bell, 17

Houston, Sam, 11

isla Brazos, 18

Johnson, Lizzie, 25

King, Richard, 24

ley de conscripción, 15

Lincoln, Abraham, 10–13, 15, 17, 19

Loving, Oliver, 22

Lubbock, Francis, 15

Lytle, John T., 22

Magruder, John Bankhead, 14–15

Parker, Quanah, 23

paso Sabine, 16

Proclamación de la emancipación, 15

rancho Palmito, 18

Reagan, John H., 27

Reconstrucción, 20

Renshaw, W. B., 14

río Grande, 5, 18, 22, 24

sendero Chisholm, 22, 25, 28

sendero Goodnight-Loving, 22, 28

sendero Western, 22, 28

soldados búfalo, 20–21

tratado de Guadalupe Hidalgo, 8

tratado de Medicine Lodge, 23

tropas afroamericanas, 15, 19–21

vaqueros, 6–7, 22–27, 29

Wayne, John, 7

¡Es tu turno!

Después de la guerra de Secesión numerosos soldados afroamericanos se sumaron al ejército de Estados Unidos. Estos soldados desempeñaron muchas funciones en Texas. Ayudaron a reconstruir el estado destruido por la guerra. Hicieron cumplir las nuevas leyes. Como señal de respeto los indígenas americanos locales comenzaron a llamarlos "soldados búfalo".

¡Queremos que participes!

Diseña un póster donde se publican trabajos para personas afroamericanas en el ejército de Estados Unidos. Asegúrate de enumerar los aspectos positivos de incorporarse al ejército de Estados Unidos para atraer a más soldados.